Simon Peng-Keller

Rituale für den Feierabend

Simon Peng-Keller

Rituale für den Feierabend

KREUZ

MIX
Papier aus verantwortungsvollen Quellen
FSC® C106847
www.fsc.org

www.kreuz-verlag.de

Umschlaggestaltung: agentur IDee
Umschlagmotiv: © shutterstock
Innengestaltung und Satz: agentur IDee
www.agenturIDee.de
Herstellung: fgb · freiburger graphische betriebe
www.fgb.de

Printed in Germany

ISBN 978-3-451-61215-2

Inhalt

I.

Wozu Abendrituale?

Schlaflos, unruhig und arbeitsbesessen sind Menschen nicht erst heute. Schon frühere Generationen kämpften mit diesen Zivilisationskrank- heiten. Dennoch: Schlaflosigkeit und innere Unruhe werden heute zusätzlich genährt. Gesellschaftliche und technologische Entwicklungen relativieren den Rhythmus von Tag und Nacht, von Arbeit und Ruhe. Wer ständig aktiviert ist und es verlernt hat abzuschalten, droht auszubrennen. Die Beschleunigungstendenzen unserer Gesellschaft machen gute Abendrituale dringlich: Rituale, die helfen, uns nach einem gefüllten Tag zu verlangsamen und in eine auf uns abgestimmte Work-Life-Balance zu finden.

Rituale sind wichtig, weil der Abend eine anspruchsvolle Übergangszeit ist. Elementare Empfindungen und Bedürfnisse treffen hier aufeinander: Müdigkeit und Hunger, Anspannung und der Wunsch nach Erholung, die Sehnsucht nach intensivem Leben und das Bedürfnis nach Schlaf.

Rituale können dazu beitragen, Belastendes loszulassen, uns zu ordnen und neu zu orientieren. Es wohnt ihnen eine eigentümliche Kraft inne. Doch können sie sich auch abnützen oder erstarren. Sie bedürfen des achtsamen Vollzugs und der spielerischen Kreativität, um elastisch zu bleiben und lebensförderlich zu wirken. Wie ein Kunsthandwerk, das seine kreative Kraft nur dann verströmt, wenn es mit Enthusiasmus und Freude ausgeübt wird.

Die folgenden Seiten sprechen eine zweifache Einladung aus: zum einen die Rituale, die unseren Alltag bereits prägen, bewusster wahrzunehmen und achtsamer zu vollziehen; zum anderen überlebte Rituale loszulassen und passendere zu suchen.

Eine Vielfalt von rituellen Formen kann unseren Feierabend positiv prägen: Familienrituale, Paarrituale, Vereinsrituale und andere mehr. Dieses Buch fokussiert solche Rituale, die wir alleine vollziehen. Sie betreffen uns alle, in welcher Lebenslage wir uns auch befinden. Bewusst vollzogene Rituale geben dem Abend eine besondere Färbung. Sie schaffen Abstand zum Arbeitsalltag und öffnen uns nicht zuletzt für die spirituelle Tiefendimension unseres Lebens.

Der Abend ist die Schwelle zwischen Tag und Nacht. Abendrituale helfen, diese Schwelle achtsam zu überschreiten. Die Vielfalt an Gestaltungsmöglichkeiten lässt sich in drei Phasen einteilen:

- *Zeit der Heimkehr*
- *Zeit des Feierabends*
- *Zeit vor dem Einschlafen*

Jede Phase hat ihre eigenen Rituale. Ich behandle sie deshalb in drei Hauptabschnitten nacheinander. Um dafür ein gutes Fundament zu haben, gehe ich zuvor dem Geheimnis stärkender Rituale nach. Es kann in allen beschriebenen Rituale gefunden werden.

II.

Vom Geheimnis stärkender Rituale

Wer dieses Büchlein über Abendrituale in der Hand hält, bringt, so vermute ich, bereits vielfältige Erfahrungen mit. An diese Erfahrungen möchten die folgenden Gedanken und Impulse anknüpfen. Vielleicht müssen diese Erfahrungen zuerst ins Bewusstsein geholt werden. Viele Alltagsrituale vollziehen wir unbewusst. Manche Rituale, die uns in einer bestimmten Phase unseres Lebens wichtig waren, haben wir vergessen. Wir tragen Erfahrungsschätze in uns, die wir uns bewusst machen und aus verborgenen Tiefen heben können. Sie bilden die Grundlage für verheißungsvolle Entwicklungen. Doch worin liegt das Geheimnis von Alltagsritualen?

Woher stammt ihre besondere Kraft? Welchen Sinn hat es, neue Rituale zu suchen und sie im eigenen Leben zu verankern? Angesichts der Tatsache, dass viele Lebensabläufe bereits stark ritualisiert sind, stellt sich auch die Frage, ob wir uns nicht eher um eine Entritualisierung unseres Lebens als um den Aufbau von neuen Ritualen bemühen sollten.

Eines ist sicher: Um die stärkende Kraft von Ritualen zu entdecken und bewusst zu nutzen, müssen wir uns über Sinn und Grenzen von Alltagsritualen Klarheit verschaffen.

Alltagsrituale

Gute Gewohnheiten sind, so meinte der Philosoph Arnold Gehlen einmal, Muskeln der Seele. Sie geben ihr Spannkraft und Elastizität. Um sie auszubilden, braucht es Rituale, und zwar solche, die fest in unserem Alltag verankert sind. Alltagsrituale vermissen wir, wenn wir sie vergessen oder verhindert sind.
Alle Rituale leben von einem klaren Ablauf und von der Wiederholung. Sie sind symbolische Handlungen, in denen sich Lebenszeit verdichtet. Sie zeichnen sich durch einen klaren Rahmen aus: räumlich und zeitlich. In religiösen Ritualen werden Anfang und Ende oft mit einer Glocke markiert und der Raum durch Kerzen und symbolische Gegenstände gestaltet.

Rituale kennen unterschiedliche Formen des Beteiligtseins. Manchmal sind wir es, die ein Ritual aktiv vollziehen. In bedeutsamen Momenten wird ein Ritual an uns vollzogen. So etwa bei der

Taufe und bei Geburtstags- oder Abschiedsfeiern: Wir werden getauft, gefeiert und verabschiedet. Gewichtige Rituale stellen den Empfänger oder die Empfängerin ins Zentrum. Sie erinnern auf diese Weise daran, dass das Wesentlichste im Leben Gabe ist.

Viele Rituale symbolisieren Geschenkhaftes. Sie wollen aus dem Geist der Gabe vollzogen werden und werden so selbst zum Geschenk.

Inspirierende Erfahrungen

Erinnern wir uns noch an die Rituale, die wir als Kinder liebten? Welche Einschlaf- oder Aufwachrituale waren uns wichtig? Was war es, das sie für uns so bedeutsam machte? Lag es an ihrem symbolischen Gehalt, der uns Sinnräume erschloss? An ihrem Ablauf, der uns Orientierung und Geborgenheit vermittelte?
Die positiven Erfahrungen, die wir in unserer Kindheit mit Ritualen sammelten, sind Keimzellen für die Entwicklung passender Rituale in späteren Lebensphasen. Was die Rituale der Kindheit glücken lässt, verlebendigt auch die Rituale des Erwachsenenlebens. Dieses Buch macht sich das zunutze und greift immer wieder auf kindliche Rituale zurück.

Damit soll zum einen die Kraft der Erinnerung geweckt und der schlummernde Schatz vergangener Erfahrungen gehoben werden. Zum anderen hilft uns der Blick auf kindliche Rituale, wesentliche Aspekte von Alltagsritualen klarer zu sehen. Solche Rituale dienen nicht allein dazu, unsere Lebenswelt zu ordnen, sondern sie öffnen unseren Alltag auch für andere Wirklichkeiten. Noch etwas anderes lässt sich aus den Ritualen der Kindheit lernen: Bei allem Ernst wohnt ihnen etwas Spielerisches inne. Sie gleichen einem Mini-Theater, in dem jede und jeder eine feste Rolle hat. Es gehört zum Spiel, in die mir zukommende Rolle zu schlüpfen und sie überzeugend zu füllen.

Lebensprägende Kraft

Was uns wichtig ist, muss ritualisiert werden. Nur so bekommt es einen festen Platz in unserem Alltag. Das Umgekehrte ist ebenfalls wahr: Was ritualisiert ist, prägt unser Leben und formt unser Selbst.
Damit Rituale ihre positive Wirkung entfalten können, braucht es ein gutes Maß. Sowohl ein Zuwenig wie ein Zuviel an Ritualen ist lebensbehindernd. In Zeiten starker äußerer Veränderung, etwa beim Wechsel des Arbeitsplatzes, gehen uns gute Gewohnheiten und tragende Rituale leicht verloren. Dies wirkt sich oft negativ auf unsere Lebensqualität aus. Es ist wie bei einem Weinberg: Ohne Spaliere können sich die Reben nicht entfalten.

Doch auch das Gegenteil kann zum Problem werden; es gibt auch eine Überritualisierung des Lebens. Rituale haben eine Tendenz, zu wuchern und zu erstarren. Sie gleichen dann Schlingpflanzen, die das Wachstum eines Baumes verhindern.

Rituale können zum Zwang werden und das Leben unübersichtlich statt transparent, starr statt empfänglich machen.
Manchmal besteht unsere Aufgabe darin, uns von Ritualen bewusst zu verabschieden oder sie neu zu entdecken.

- *In welchen Lebensbereichen mangelt es mir an guten Ritualen?*

- *Bin ich gelegentlich auch in Gefahr, mein Leben übermäßig zu ritualisieren?*

Achtsame Präsenz

Wer dem Geheimnis stärkender Rituale auf die Spur kommt, stößt unvermeidlich auch auf ihr Schattenbild. Rituale können sich leicht abnutzen, automatisieren und leerlaufen. Ihre verlebendigende und kreative Kraft entfalten sie nicht von selbst. Der äußere Vollzug allein ist ebenso wenig hinreichend wie in anderen Künsten, die den Menschen ergreifen wollen. Es braucht eine bestimmte Haltung, die geweckt werden kann: Hingabe und Achtsamkeit. Rituale leben vom sorgsamen und spielerischen Vollzug. Um rituelle Kompetenz zu erwerben, müssen wir uns in Achtsamkeit einüben.

Sie umfasst hellwaches Wahrnehmen von Moment zu Moment, Liebe fürs Detail, für das Kleine und Feine und nicht zuletzt wohlwollende Akzeptanz für das Leben, wie es sich jetzt gerade zeigt.

Achtsamkeit öffnet unser Bewusstsein für die Fülle der Gegenwart. Sie holt uns vom problemlösenden Denken ins sinnlich-leibliche Dasein. Damit verändert sie auch unser Zeiterleben. An die Stelle der zerrinnenden Zeit tritt der Augenblick, in dem wir verweilen können und zur Sammlung finden.

Wenn wir ein automatisiertes Ritual mit neuer Achtsamkeit vollziehen, ist das, als ob wir von einem Schwarz-Weiß-Film zu einem Farbfilm wechseln würden. Unsere Sinne öffnen sich für unbemerkte Wahrnehmungsqualitäten.

Vielleicht beginnen wir, die Tiefe unserer Lebenswirklichkeit zu erahnen. Anstelle des angestrengten Machens tritt ein Vollzug, der vom Wahrgenommenen selbst geleitet wird. Wir steigen in den Fluss des Erlebens und lassen uns von ihm mitnehmen, ohne dass wir dies als Kontrollverlust erleben.

Welche Bedeutung die Achtsamkeit für Rituale hat, zeigt sich an der Beobachtung, dass Unachtsamkeit in einem rituellen Vollzug besonders auffällig ist. Kinder merken es sofort, wenn die Mutter oder der Vater beim Abendritual nicht richtig dabei ist und gedanklich abschweift. Nur wo sich Rituale mit Präsenz verbinden, wirken sie verlebendigend und beziehungsstiftend.

Verbundenheit

Rituale sind kommunikativ und gemeinschaftsstiftend. Sie lassen uns vielfältige Verbundenheit erleben. Kulturelle und sportliche Anlässe sind voller ritueller Handlungen, aus denen sich ein Zusammengehörigkeitsgefühl aufbaut. Wir zelebrieren in ihnen Gemeinschaft.

Doch was ist mit den Ritualen, die alleine vollzogen werden? Auch sie schaffen Verbundenheit: zu uns selbst, zu unserer Umgebung, zu nahen Menschen, zum Göttlichen. Sie formen intime Lebensräume, die uns aufatmen lassen. Rituale öffnen Räume der Gemeinschaft und der bewusst gestalteten Einsamkeit.

Mit welchen Menschen und Wirklichkeiten möchte ich mich in einem bestimmten Ritual verbinden?

Verdichtete Zeit

In Ritualen verdichtet sich die Zeit. Der Zeitfluss verlangsamt sich. Die Gegenwart gewinnt an Eigengewicht. Sie gleicht einer spiegelnden und glänzenden Kugel. In ihr zeigt sich Vergangenes und Künftiges. Manchmal leuchtet auch Ewiges durch das Fenster unserer Gegenwart hinein. Das Hier und Jetzt steht offen für Altes, das ausläuft, und Neues, das anbricht.

Rituale schaffen Auszeiten. Was sonst unser Zeiterleben bestimmt, wird vorübergehend eingeklammert. Wir treten aus dem Zeitfluss heraus auf eine Zeitinsel. Sie lässt uns verweilen und neu zu uns finden.

Rituale stehen für die Gegenwart des Vergangenen und des Kommenden. Sie gleichen Erinnerungsstätten. Ihnen wohnen Geschichten inne, persönliche und überpersönliche. Rituale sind Erinnerungszeichen für Erfahrungen, die uns wichtig waren und sind. Manche Rituale sind typisch für bestimmte Lebensphasen. Andere sind Erbstücke einer Familientradition, die sich im Dunkeln verliert.

- *Welche Zeiterfahrungen kenne ich aus rituellen Vollzügen?*

- *Welche Geschichten stecken in den Ritualen, die meinen Alltag prägen?*

Übergänge

Rituale gestalten Übergänge. Sie wecken das Vertrauen, das wir benötigen, um Altes loszulassen, Kontrolle abzugeben und Neues werden zu lassen. Sie helfen, von einer Wirklichkeit in eine andere zu wechseln. Das geschieht meist in drei Phasen: Aufbruch, Transformation, Ankunft.

Auf diese Phasen treffen wir auch im Übergang von der hellen Welt des Tages in die geheimnisvolle Welt der Nacht. Er beginnt für viele mit dem Wechsel von der Arbeitswelt in den Mikrokosmos des Privatlebens. Rituale können dazu beitragen, umzuschalten, Distanz zu gewinnen, uns für Ungewohntes und Erneuerndes zu öffnen.

Wandlung

Achtsam vollzogene Rituale ermöglichen schöpferische Pausen. Rituelle Unterbrechungen des eingespielten Handlungsflusses machen uns für neue Einsichten und Erfahrungen empfänglich. Die Rücknahme der Aktivität schafft einen Freiraum für kreative Prozesse. Rituale bieten einen sicheren Rahmen, der es uns für eine bestimmte Zeit erlaubt, angstfrei bei dem zu verweilen, was sich verwandeln und neu werden möchte.

Damit sich etwas verwandeln kann, braucht es die Rücknahme unseres verkrampften Willens, ein Lassen, das wiederum ein Geschenk darstellt. Wir können uns dafür öffnen und darum bitten.

Fokussierende Fragen

Zu Ritualen, die kreative Pausen ermöglichen, finden wir durch achtsames Wahrnehmen unseres Alltags. Er birgt Möglichkeiten und Freiräume, von denen wir oft nichts ahnen. Fokussierende Fragen helfen, auf das noch Unentdeckte im Garten unseres Lebens aufmerksam zu werden. Gezielte Fragen können die visionäre Kraft freisetzen, die wir brauchen, um über bestehende Gewohnheiten hinauszudenken und zu einem ganzheitlicheren und spirituelleren Lebensstil zu finden.

Beginnen wir mit einigen Fragen, die unsere Achtsamkeit für die Wirklichkeiten und Möglichkeiten unseres Feierabends wecken.

- *Welche Bedeutung hat für mich der Abend, die Nacht? Womit ist mein Feierabend ausgefüllt? Was kommt meist zu kurz?*

- *Welche Sehnsucht verbinde ich mit der Suche nach neuen Ritualen?*
- *Welche positiven Erfahrungen habe ich mit rituellen Handlungen bereits gesammelt? Wie könnten sie vertieft werden?*

Solche Fragen regen zu genauer Selbstwahrnehmung an. Sie leiten uns an, achtsam wahrzunehmen, was unseren Wünschen und unserem Selbstbild widerspricht. So können wir verborgene Schätze entdecken: »Wenn dein Alltag dir arm scheint, klage ihn nicht an; klage dich an, dass du nicht stark genug bist, seine Reichtümer zu rufen.« (R. M. Rilke)

III.

Rituale der Heimkehr

Was den Übergang vom Tag in die Nacht zur Herausforderung macht, findet sich bereits auf der Schwelle vom Arbeitsalltag in den Feierabend. Dieser Übergang setzt sich aus einer Vielzahl von sich wiederholenden Abläufen zusammen: Arbeitsutensilien werden abgeschaltet und weggeräumt, Kolleginnen und Kollegen verabschiedet, Türen geöffnet und geschlossen, Straßen überquert, Wege zurückgelegt. Am Ende stehen Rituale des Ankommens.
Durch den täglichen Vollzug ist vieles eingespielt. Das bedeutet zunächst: Es geschieht mühelos und entlastet uns.

Machen wir uns die spielerische Dimension bewusst, werden die Alltagsrituale ihre lebensstärkende Kraft noch stärker entfalten.

Doch nicht alles, was sich eingespielt hat, verdient es, fortgesetzt zu werden. Es gibt Gewohnheiten, die sich überlebt haben. Sie gehören einer vergangenen Epoche unseres Lebens an. Sie zu Ende zu spielen, würde uns freier machen. Neue Rituale können dazu eine Hilfe sein. Vielleicht können die Anregungen, die sich auf den folgenden Seiten finden, Sie bei Ihrer Suche unterstützen!

Aufbruch

Der Aufbruch aus der Arbeitswelt hat sehr unterschiedliche Gestalten. Für viele Lehrerinnen und Lehrer hat das Aufräumen und Herrichten des Schulraumes für den nächsten Tag rituellen Charakter. Während sie die Tafel reinigen und einige Stühle zurechtrücken, können die Erfahrungen des Tages nachklingen und sich ordnen. Zugleich wird der Raum für das Kommende vorbereitet. Die Gedanken schweifen zum nächsten Morgen. Materialien werden aus einem Kasten hervorgeholt. Sie stehen über die Nacht bereit und warten auf den Morgen wie die Knospen auf den Frühling. Am Vorabend zu überlegen, wie ich am nächsten Tag meine Arbeit gestalte, erleichtert nicht allein den Arbeitseinstieg, sondern entlastet auch den Feierabend.

Was wir geordnet und entschieden haben, können wir besser auf die Seite stellen. Ohnehin hängt es auch von unserer Tagesplanung ab, ob wir am Ende des Tages unsere Arbeit loslassen und uns einem anderen Lebensbereich öffnen können. Eine realistische Planung kann dazu beitragen, dass wir unseren Arbeitsplatz häufiger mit dem guten Gefühl verlassen, unsere Tagesziele erreicht zu haben.

Etwas zu ordnen, unterstützt das Loslassen. Ein hastiges Aufbrechen erschwert es. Unterwegs merken wir dann beispielsweise, dass wir unseren Memory-Stick im Computer steckengelassen haben. Wenn wir den Aufbruch bewusst ritualisieren, sinkt die Wahrscheinlichkeit, dass uns Versäumtes auf dem Heimweg einholt.

Ein kleines Aufbruchsritual ist es, den Arbeitstisch bewusst aufzuräumen. Indem ich die Bücher, mit denen ich gearbeitet habe, in die Regale stelle und verstreut herumliegende Blätter ordne, verschaffe ich mir nicht nur einen Überblick, sondern bringe meine Arbeit zu einem symbolischen Abschluss.

Bin ich längere Zeit weg, habe ich das Bedürfnis, auch die Schreibutensilien wegzulegen, was ebenfalls ein symbolischer Akt ist. Der leere Tisch wird zum Repräsentant meiner Abwesenheit. Das umgekehrte gibt es auch: den Wunsch, durch persönliche Gegenstände meine Präsenz zu markieren. »Ich bin noch da, obwohl ich gerade anderswo bin!«

Unterwegssein

Um Distanz zu meiner Arbeit zu gewinnen, helfen mir Türen, Korridore und ein Kreuzgang, der mich durch seine stille Atmosphäre für einige Momente in einer anderen Welt empfängt. Die Türen, Gänge, Treppen, Plätze, Straßen und Wege, die meinen Heimweg formen, können eine symbolische Qualität annehmen. Rituale der Heimkehr eröffnen eine neue Sicht auf Altvertrautes. Was zeigt sich uns auf dem Heimweg? Wir sind versucht, ihn als unbedeutende Zwischenzeit zu betrachten, doch können wir ihn auch als ein symbolreiches Wahrnehmungsfeld entdecken, in dem sich unser Leben als Ganzes spiegelt. Verstehen wir es vielleicht auch als ›Heimweg‹?

In vielen symbolträchtigen Augenblicken kann sich das Geheimnis erschließen, das unser Leben umfängt. Eine Treppe oder eine Abzweigung weist auf einen Horizont, der über meine Welt hinausgeht. In alltäglichen Zeichen werden Herausforderungen und getroffene Entscheidungen gegenwärtig. Durch achtsames Wahrnehmen der symbolischen Qualitäten unseres Heimwegs wird unser Unterwegssein plötzlich interessant und gewichtig. Schritt für Schritt gehe ich meinen Weg. Ich kann meine Aufmerksamkeit auf die Empfindungen lenken, die dieses Schreiten in mir weckt. Vermutlich verlangsamt sich dabei mein Schritttempo. Ich komme zu mir, in die Gegenwart, in die Verbundenheit mit meiner Mitwelt. Doch auch das, was mir auf meinem Heimweg begegnet und sich mir in den Weg stellt, verdient Beachtung.

Wollten wir jeden Abend die ganze symbolische Fülle unseres Heimwegs ausloten, würden wir uns überfordern. Alltagsrituale haben ein bescheideneres Format: eine bestimmte Strecke zu Fuß gehen anstatt den Bus zu nehmen; mich für einige Minuten in eine Kirche zu setzen, die auf meinem Heimweg liegt; an einer Haltestelle in einer freischwebenden Aufmerksamkeit zu verweilen und das hier und jetzt Gegenwärtige mit allen Sinnen wahrnehmen.

- *Welche symbolischen Qualitäten meines Heimwegs sprechen mich besonders an?*
- *Welche Wegstrecken und Begebenheiten verdienen mehr Beachtung?*

Sorgendeponie

Wer kennt nicht die Erfahrung, auf dem Heimweg von negativen Gedanken verfolgt zu werden! Ungelöste Probleme und Arbeitskonflikte gleichen Magneten, die unsere Aufmerksamkeit auf sich ziehen und unsere Gedanken in endlosen Schlaufen rotieren lassen. Die im Folgenden beschriebenen Übungen der Achtsamkeit tragen dazu bei, Distanz zu unseren Gedanken und Sorgen zu gewinnen.

Der erste Schritt, um in eine innere Distanz zu finden, ist die achtsame und wohlwollende Wahrnehmung unseres Besetztseins. Ohne zu urteilen, nehmen wir achtsam zur Kenntnis, dass wir gerade in absorbierenden Gedankenspiralen gefangen sind. Auch wenn das unangenehm ist, darf es so sein. Wir kämpfen nicht gegen diese Gedanken und Empfindungen, sondern nehmen sie einfach wahr. In dem Maße, wie wir uns selbst bei unseren inneren Gesprächen zuhören, gewinnen wir Distanz von ihnen.

In einem zweiten Schritt versuchen wir den Affekt, der unsere Gedanken nährt und sie in Bewegung hält, zu erkennen und zu benennen. Ist es eine untergründige Angst, die mich umtreibt? Ist es Zorn über ein Verhalten, das ich als ungerecht empfinde? Oder gekränkter Stolz? Vielleicht auch Neid über den Erfolg einer Arbeitskollegin?

Erst wenn wir das emotionale Feuer, das den Rauch der Gedanken hervorbringt, benennen und mit einer wohlwollenden Haltung uns selbst gegenüber zulassen, ist es möglich, uns von den bedrängenden Gedanken zu lösen.

Dieser Prozess des Loslassens kann durch eine rituelle Handlung unterstützt werden. Wie bei jedem Ritual braucht es dafür einen bestimmten Ort oder eine feste zeitliche Struktur. Es kann hilfreich sein, sich einen Ort zu suchen, dem wir belastende Gedanken, Gefühle und Sorgen bewusst übergeben.
Da mein Arbeitsweg ein Stück weit an der Limmat entlang geht, habe ich es mir zur Gewohnheit

gemacht, auf dem Heimweg die belastenden Gedanken, die mich nicht loslassen, dem Fluss anzuvertrauen.
Dafür bleibe ich meist kurz stehen. Ich gebe dem Gedanken einen Namen, übergebe ihn dann dem Fluss und schaue, wie er mit der Strömung davonschwimmt.

Das Ritual lässt sich variieren und weiterentwickeln. Wir können die Gedanken auf einen Zettel notieren und sie unterwegs in einen Mülleimer werfen. Oder wir lassen sie mit dem Zug, aus dem wir steigen, davonfahren.

- *Welcher Ort auf meinem Arbeitsweg eignet sich besonders gut als ›Sorgendeponie‹?*

Innehalten

Auf unserem Heimweg ritualisierte Pausen einzuschalten, ist ebenso wohltuend wie anspruchsvoll. Auch wenn wir nicht mit dem Auto unterwegs sind, fühlen wir uns manchmal wie auf einer dicht befahrenen Autobahn. Wir sind mit hohem Tempo unterwegs zu einem Ziel, das wir möglichst schnell erreichen möchten. Einen Gang hinunterzuschalten oder sogar eine Pause einzuschalten, läuft uns gegen den Strich. Aus der Distanz betrachtet wissen wir zwar, dass sich das erhöhte Tempo nicht lohnt. Dennoch lässt sich schwer gegen die Tendenz angehen, die uns zur Eile drängt.

Das hat seine Gründe. Im raschen Unterwegssein agieren wir unsere innere Unruhe aus. Würden wir innehalten, würde uns vielleicht bewusst werden, wie müde und erschöpft wir sind.

Gerade deshalb sind Momente des Innehaltens so wertvoll. Sie bringen uns zwar in Kontakt mit unangenehmen Gefühlen, doch öffnen sie so auch Räume, in denen wir neu zu uns finden und uns für die Fülle des Augenblicks öffnen können. Vielleicht brauchen wir dafür äußere Unterstützung: stille Räume, Orte des Gebets und der Sammlung oder einen Umweg durch einen schönen Park, in dem wir uns für ein paar Minuten auf eine Bank setzen und zur Ruhe kommen. Ich besuche ab und zu den Abendgottesdienst in einer zentral gelegenen Kirche.

Der starke Kontrast zwischen dem geschäftig-hektischen Strom der Menschen, die nach Hause eilen, und der gesammelten Stille in der Kirche beeindruckt mich jedes Mal. Gerade diese Kontrasterfahrung hilft mir, in kurzer Zeit umzuschalten. Ich tauche ein in eine andere Welt. Die Gebete und das Ritual der Feier sammeln mich und verändern mein Zeiterleben. Wenn ich nach einer halben Stunde die Kirche wieder verlasse, fühle ich mich innerlich aufgeräumter und neu geordnet. Ich bin wieder mehr bei mir angekommen und gehe gesegnet nach Hause.

- *Welche Orte auf meinem Heimweg sind geeignet, um innezuhalten und mich neu zu sammeln?*

Ankommen

Die Schwellenzeit des Heimkehrens verdichtet sich in dem Augenblick, in dem wir zuhause ankommen. Nochmals sind Türen zu öffnen, Schwellen zu überschreiten, vertraute Räume zu betreten. Und erneut gibt es in uns die Tendenz, Muster der Arbeitswelt mit nach Hause zu nehmen. Anstatt uns zu freuen über die unverplanten Leerräume, die sich vor uns auftun, füllen wir sie sofort mit zerstreuenden Aktivitäten.

Manchmal nimmt meine Heimkehr diese Form an: Gedankenlos leere ich den Briefkasten und beginne bereits im Treppenhaus, die Briefe aufzureißen und zu lesen. Das Gelesene absorbiert mich so, dass ich kaum wahrnehme, wie ich die Tür öffne und die Wohnung betrete.
An anderen Tagen ist meine Heimkehr von einem anderen Geist durchdrungen. Ich leere den Briefkasten, schaue mir die Post kurz an und sage mir: »Das spare ich mir für später auf!«

Dann betrete ich das Haus und öffne meine Sinne für das, was mir entgegenkommt. Ich nehme die Geräusche und Düfte wahr, die aus den verschiedenen Wohnungen dringen. Ich nehme ein Gemisch von Müdigkeit und Erleichterung in mir wahr, das Gewicht der Tasche, die ich in der Hand trage, die Vorfreude auf das Abendessen mit meiner Frau. Die bewusste Verlangsamung öffnet mich dafür, bereits Bekanntes neu zu sehen. So fällt mir beispielsweise vor der Wohnung die Segensinschrift auf, die seit Jahresbeginn unsere Haustür ziert: »20*C+M+B*13«.

Mir fällt auf, dass die Schrift an einer Stelle leicht schräg ist. Erinnerungen tauchen auf an meine Primarschulzeit und meine Mühe, die Buchstaben geordnet in Reih und Glied zu bringen.
Ich öffne die Tür und werde atmosphärisch von unserer Wohnung begrüßt und empfangen: von der ihr eigenen Mischung von Duft, Licht und Farbe. Ich ziehe meine Schuhe aus und lege mit ihnen den Staub des Tages ab. Beim Händewaschen genieße ich die Wärme des Wassers. Der fein wahrnehmbare Duft der Seife steigt in meine Nase.

Mein wichtigstes Ritual der Heimkehr ist es, meine Kleider zu wechseln. Es ist, als ob ich meine berufliche Identität ablegen und in eine andere Haut schlüpfen würde.

Nun bin ich angekommen – ganz zuhause. Der Raum des Feierabends hat sich geöffnet. Ich öffne die Fenster, um frische Luft für diesen Abend hineinzulassen, und begrüße dabei die stattliche Föhre, die uns jahraus, jahrein treu zur Seite steht.
Die Rituale, mit denen wir unsere Heimkehr gestalten, sind vielfältig und individuell. Manche lieben es, zu duschen und sich auf diese Weise nicht nur zu erfrischen, sondern sich auch mental zu reinigen. Für andere ist es die Katze, die das Heimkehrritual strukturiert, oder ein Musikstück, das ihnen hilft, die Gedanken und Gefühle für ihre persönliche Welt zu öffnen.

- *Welche Gewohnheiten prägen meine Heimkehr?*
- *Was hilft mir besonders dabei, zuhause anzukommen und den Feierabend zu eröffnen?*

IV.

Rituale des Feierabends

Im wohlklingenden deutschen Wort ›Feierabend‹ steckt eine Verheißung: dass die Mühe des Tages in eine Zeit der Fülle einmündet. Den Abend zu feiern, umfasst auch Ausspannen und Regenerieren. Doch bedeutet ›feiern‹ noch mehr. Es führt über die alltägliche Erholung hinaus. Der Feierabend ist für den Tag, was der Sabbat oder der Sonntag für die Woche ist: eine Zeit der Muße, eine Zeit des Lassens und des Wartens, eine heilige Zeit. In ihr gelten andere Gesetze. Die Kunst der Pause und des Verweilens ist wichtiger als alle Aktivität.

Eine Feier ist ein ritueller Vollzug. Ob es eine Geburtstagsfeier oder eine Liturgie ist: es braucht Zeichen, die eine Atmosphäre schaffen und ein besonderes Zeitreservat markieren. Wir dämpfen das Licht, zünden Kerzen an, stellen Blumen in eine Vase, bereiten ein gutes Gericht, öffnen eine Flasche Wein und wählen eine passende Musik aus. Ritualisierte Handlungen tragen dazu bei, aus unserem Abend einen Feierabend werden zu lassen. Aus der Fülle von Möglichkeiten, die uns zur Verfügung stehen, kommen auf den folgenden Seiten einige zur Sprache.

- *Wie kann sich bei Ihnen eine feierabendliche Atmosphäre einstellen? Welche Zeichen sind Ihnen besonders wichtig?*

Ordnen

Wenn uns nach einem anstrengenden Arbeitstag daheim unaufschiebbare Hausarbeiten erwarten, ist das kein besonders günstiges Vorzeichen für einen erholsamen Feierabend. Alltagsrituale helfen, diese Klippen zu umschiffen, die uns vom ersehnten Hafen eines entspannten Abendprogramms trennen. In unserer Hausarbeit treffen wir auf die umfassende Aufgabe, unser Leben zu ordnen.

Die symbolische Qualität, von der alle Rituale leben, liegt bei ordnenden Tätigkeiten besonders nahe. Ähnlich wie beim Aufräumen des Schreibtisches rühren wir bei Haushaltsarbeiten an eine symbolische Kraft, die wir wecken und nutzen können. Eine homöopathische Dosis davon genügt, um eine mühsame Tätigkeit in ein Tun zu verwandeln, das ordnend auf uns zurückwirkt. Rituellen Charakter bekommt solches Tun dadurch, dass wir es einerseits bewusst begrenzen und anderseits auf seine symbolische Qualität achten.

In seinem Roman »Der erste Kreis der Hölle« beschreibt der russische Schriftsteller Alexander Solschenizyn, wie die auf den ersten Blick banale Tätigkeit des Sockenstopfens zu einem Ritual werden kann, das die enge und absurde Gefängniswelt auf einen umfassenden Sinn hin öffnet. Der Roman spielt in einem sibirischen Gefängnis. Vier Gefangene verbringen den Sonntag in ihrer Zelle. Die leere Zeit konfrontiert sie mit ihrer Verzweiflung und Angst. Als der eine von ihnen gelangweilt und nachlässig beginnt, seine Socken zu stopfen, entspinnt sich ein tiefsinniges Gespräch. Das achtsame Stopfen der Socken, so ermahnt der Gefangene mit dem bedeutungsträchtigen Namen »Adamson« seine Schicksalsgenossen, ist keine Nebensache. Es ist ein Weg in die Freiheit. In ihrer widersinnigen und perspektivenarmen Situation wird das Sockenstopfen für die Verbannten zum rituellen Akt. Er stellt die zerstörte Ordnung wieder her, rhythmisiert die aus den

Fugen geratene Zeit. Sinnliches Erleben und Tun verknüpfen sich mit der Erfahrung einer sinnhaften Ordnung.

»Adamsons« Anleitung zum achtsamen Tun beschränkt sich nicht auf das Sockenstopfen. Sie gilt für alle Haushaltstätigkeiten. Sie können zu unscheinbaren rituellen Akten werden, die den uns anvertrauten ›Mikrokosmos‹ auf eine umfassende Ordnung hin öffnen.
Die äußere Ordnung wird auch auf die innere zurückwirken. In einer aufgeräumten Wohnung lässt sich besser zur Ruhe kommen.

- *Von welchen Tätigkeiten kenne ich die von Solschenizyn beschriebene Erfahrung? Lässt sie sich für die Gestaltung meines Feierabends fruchtbar machen?*

Abendmahl

In vielen Kulturen und Familien ist das gemeinsame Abendessen ein zentrales Feierabendritual, das mehr beinhaltet als die leibliche Ernährung. Bei einem gemütlichen Abendessen verknüpft sich die Sinnlichkeit des Essens und Trinkens mit der Erfahrung von Gemeinschaft, Zugehörigkeit und Kommunikation. Nicht zufällig steht die Feier des ›Abendmahles‹ im Zentrum christlicher Religion. In jüdischer Tradition lebend verbanden die ersten Christinnen und Christen das religiöse Ritual mit dem gemeinsamen Abendessen. Sie trafen sich nach der Arbeit, am Feierabend. Das Hochritual der christlichen Abendmahlsfeier birgt inspirative Kraft für Alltagsrituale.

In welcher Lebensform wir auch immer leben: das Abendessen bietet viele Chancen für eine bewusstere Gestaltung unseres Feierabends. Oder andersherum formuliert: Das Fehlen von guten Ritualen führt fast automatisch zu Gewohnheiten, die unsere Lebensqualität über kurz oder lang beeinträchtigen.

Besonders, wenn wir alleine leben oder oft alleine essen, liegt es nahe, uns im Vorübergehen aus dem Kühlschrank zu ernähren. Das ist nicht nur bequem und zeitsparend, wir vermeiden so auch die Konfrontation mit den Gefühlen, die das Alleine-Essen in uns auslösen kann. Während viele Menschen es lieben, alleine zu frühstücken, gibt es nur wenige, die gerne allein zu Abend essen.

Wir sind und bleiben eben Wesen, die ihr Leben als Säuglinge begonnen haben und für die Essen und Trinken bleibend mit Gemeinschaft und Intimität verknüpft sind.

Die Rituale, die uns rund ums Abendessen unterstützen können, sind so vielfältig wie die Menschen und ihre Geschmäcker. Für manche gehört es zum Ritual, morgens und abends immer dasselbe zu essen: genau dieses Brot mit diesem Aufstrich zu einem ganz bestimmten Getränk. Was anderen zwanghaft und eintönig vorkommt, gibt ihnen das Gefühl von authentischem Leben. Nicht nur das Wiedersehen, so sagen sie sich, sondern auch das Wiederschmecken macht Freude.

Für andere gehört die Variation wesentlich zum Ritual dazu. Sich selbst überraschen können und herauszufinden, was heute am besten passt, das ist für sie die Kunst! Dafür sind sie bereit, auf dem Heimweg einen Abstecher in ein italienisches Spezialitätengeschäft oder zum türkischen Imbissstand zu machen und sich Zeit für eine aufwändige Sauce zu nehmen.

So wie beim Essen selbst gibt es auch bei seiner Vorbereitung unterschiedliche Temperamente. Für die einen liegt das Ritual im kreativen Experiment, für die anderen eher im sorgfältigen Wahrnehmen und Zubereiten der Zutaten. Wie immer lebt ein Ritual auch von Rahmenhandlungen: dem Decken des Tisches, dem Entzünden einer Kerze, einem Moment der Stille, einem Tischgebet.

Selbst das Abräumen und Abwaschen kann zur rituellen Rahmenhandlung werden. Denn der sinnliche Kontakt mit dem warmen Wasser und das Reinigen des Geschirrs können als Achtsamkeitsübung und Symbolhandlung vollzogen werden. Nicht zuletzt geht es auch hier um die Kunst der Pause, gibt uns doch das Aufräumen und Abwaschen Zeit zum Verkosten und Nachklingen-Lassen.

- *Welche Rituale sind mir im Zusammenhang des Abendessens vertraut und wichtig?
Wie könnte ich sie noch bewusster gestalten?*

Naturerfahrung

Zu einem erholsamen Feierabend gehört es für viele Menschen, nach draußen zu gehen und mit der Natur in Kontakt zu kommen. Der Weg nach draußen hilft uns, zu uns zu finden. Im sinnlichen Kontakt mit der Natur um uns kommen wir in einen intensiveren Kontakt mit uns selbst.

Wie das feierabendliche Nach-draußen-Gehen zum Ritual werden kann, lässt sich von Hundehaltern und Gartenbesitzern lernen. Schon der Aufbruch verläuft nach fester Ordnung. Als Kind musste ich nur die Leine berühren, schon sprang unser Hund auf und bellte vor Freude. Mit ihm das Haus zu verlassen, glich einer kleinen Staatsaktion.

Ich konnte zwischen zwei oder drei unterschiedlich langen Rundgängen wählen, auf denen es zu ebenfalls ritualisierten Begegnungen mit anderen Hundehaltern kam. Auf diesen Spaziergängen durchstreifte ich die Landschaft bei jedem Wetter, erlebte sie an eisigen Wintertagen und lauen Sommerabenden. Weil ich immer dieselben Wege ging, konnte ich im Frühling das Wachsen der Knospen und der Blätter beobachten, im Herbst die Entlaubung der Bäume.

Der Garten bietet ähnliche Erfahrungsräume, die sich rituell erschließen lassen. Der ungarische Schriftsteller Péter Nádas erzählt vom Bedürfnis, nach dem Tagwerk am Schreibtisch mit beiden Händen im Garten zu arbeiten: zu jäten, hacken, zu mähen und zu pflanzen.

Die intensive Berührung mit der Erde, die uns die Gartenarbeit ermöglicht, bindet unseren Geist an elementare Erfahrungen. Sie schafft einen Ausgleich zu den intellektuellen Arbeiten, die in vielen Berufen dominieren. Ohne Erdung verlieren wir uns in abstrakten Welten.

Welchen symbolischen Gehalt das Anlegen und Pflegen eines Gartens hat, ist unschwer zu erkennen. Jeder Garten trägt eine andere Handschrift. Die streng geometrischen und tadellos gejäteten Beete erzählen ebenso von den Lebenswünschen und -idealen derer, die sie angelegt haben, wie der wilde Weinstock, der mit seinen Ranken gemütliche Grillabende umrahmt.

Welche Bedeutung hat der Kontakt mit der Natur für meinen Feierabend?

Kreativität

Was das Pflegen eines Gartens erholsam macht, sind nicht zuletzt die gestalterischen Möglichkeiten, die diese Aufgabe beinhaltet. Wo wir in unseren kreativen Kräften angesprochen werden, fällt es uns leicht, uns zu vergessen und ganz in die Gegenwart zu finden. Die Sorgen und Aufregungen des eben vergangenen Arbeitstages sind wie weggewischt. Wir sind ganz bei dem, was wir gerade tun: bei einem Tun, das seinen Sinn in sich trägt und nicht den Zwängen der Nützlichkeitslogik folgen muss.

Diese Erfahrung lässt sich aus ganz verschiedenen Feierabendritualen gewinnen. So können wir es uns zur Gewohnheit machen, in unserer Wohnung abends kleine Zeichen der Schönheit und der Lebensfülle zu setzen: einen Blumenstrauß oder auch nur einen einzelnen Blütenzweig, den wir unterwegs gefunden haben. Oder wir gestalten Klangräume und suchen ein Musikstück, das zum heutigen Tag passt und seine Einzigartigkeit unterstreicht. Wenige Augenblicke kreativen Gestaltens genügen, um Lebensfreude und Zufriedenheit aufkommen zu lassen.

- *Welche Tätigkeiten wecken abends meine kreativen Kräfte?*

›Musing‹

Zum Feierabend wird der Ausklang des Arbeitstages besonders dann, wenn wir ihn als Zeit der Muße gestalten: als Zeit des Verweilens, des Träumens, der Inspiration. Die englische Sprache hat dafür ein eigenes Wort: ›musing‹. Es bezeichnet eine Kunst, die so leicht ist, dass sie uns auch nach einem angestrengten Arbeitstag möglich ist: uns hinsetzen und nichts tun, unsere Phantasie sich entwickeln lassen, ganz bei dem verweilen, was sich in unserem Geist einstellt. Feierabendliches ›musing‹ kennt eine lange Tradition. In ländlichen Gegenden bedeutet es, an warmen Tagen auf der Bank vor dem Haus zu sitzen und in die Weite zu schauen.

Die rituelle Rahmung eines solchen ›musing‹ beschränkt sich darauf, einen Ort zu suchen, an dem wir gemütlich verweilen und ungestört auf unsere Phantasiereisen gehen können: den fliegenden Teppich, der uns in andere Welten transportiert. Möglich, dass auch unser Sofa fliegen kann!

Im ›musing‹ finden wir zu Klarsicht. Wir entdecken den orientierenden Stern, den wir in der gedrängten Alltagszeit leicht aus den Augen verlieren.

Bei all ihrer Leichtigkeit steckt in der Kunst des ›musing‹ eine unvermutete Herausforderung. Um in die inspirative Welt des Tagträumens hineinzufinden, müssen wir meist eine mehr oder weniger breite Wüstenzone durchqueren.

Wenn wir tagsüber intensiv gearbeitet haben und die Unruhe der vielen Beschäftigungen und Eindrücke noch in unseren Sinnen wohnt, erleben wir das ruhige Verweilen und Nichtstun vermutlich zunächst als unangenehm. Eine Beschäftigung, die uns zerstreut (zum Beispiel fernsehen, Zeitung lesen, im Internet herumsurfen), fällt uns dann leichter. Unserem beschleunigten und unersättlichen Geist missfällt diese Diät. Das bewusste Nichtstun, das uns öffnet und heilsam entschleunigt, begegnet uns zunächst in Gestalt einer Entbehrung. Wir verzichten auf den Lustgewinn, den ablenkende Tätigkeiten mit sich bringen.

Geben wir dem ›musing‹ eine ritualisierte Form, so können wir einfacher mit solchen anfänglichen Unlustgefühlen umgehen. Dazu kann es gehören, ein Notizbuch bereitzuhalten, in dem wir die Gedanken, die uns kommen, stichwortartig festhalten.

So kehren wir sanft von unserer Reise auf dem fliegenden Teppich zurück und sammeln die Eindrücke und Ideen, die wir gewonnen haben, sorgsam für spätere Vertiefung.

- *Welche Formen und Orte des ›musing‹ bieten sich mir in meiner aktuellen Lebenssituation an?*

Spielen

Spielen ist mit dem ›musing‹ verwandt. Es ist eine elementare Form der Sinnfindung. Das macht es für Feierabendrituale ebenfalls attraktiv. Besonders Gemeinschaftsspiele, die uns in Interaktionswelten hineinnehmen, führen uns in eine wohltuende Selbstvergessenheit. Zugleich erfrischen und beleben sie unseren Geist. Sie bündeln seine Energien.

Die große Vielfalt an Spielen bietet uns ein breites Spektrum an Möglichkeiten, unserem Abend eine besondere Farbe zu geben. Es gibt Menschen, die finden am besten zu sich, wenn sie sich ans Klavier setzen und eine halbe Stunde lang improvisieren. Für andere ist es das Karten- oder Schachspiel, das sie in eine Welt entführt, aus der sie erfrischt zurückkehren.

Wenn wir solche spielerischen Momente ritualisieren, bekommen sie eher einen festen Platz in unserem Feierabendprogramm. Wie beim Essen lieben manche die Variation, während andere das Vertraute bevorzugen. In manchen Kulturen und Familien ist es undenkbar, einen gemütlichen Feierabend ohne Spiel zu verbringen. Und es gibt Paare, die jeden Abend eine Partie desselben einfachen Brettspiels spielen. Fünf bis zehn Minuten genügen, um gemeinsam zu zelebrieren, dass der Tag nun zu Ende geht.

- *Gibt es ein Spiel, das sich in meinen gewohnten Feierabend einfügen ließe?*

V.

Rituale der Nachtruhe

Beim Stichwort ›Abendrituale‹ fallen vielen Menschen als erstes die Einschlafrituale ihrer Kindheit ein. Der Übergang vom Tag zur Nacht birgt Absturzstellen – nicht nur für Kinder. Das Loslassen, das zum Einschlafen gehört, weckt archaische Ängste. Nicht umsonst gilt das Einschlafen als kleiner Tod. Der Weg in den Schlaf vermittelt uns eine Ahnung vom Sterben. Er wird vom kalten Wind der Nacht durchweht.

Deshalb ähneln die Rituale der Nachtruhe denjenigen des Sterbens. Es geht in ihnen um Rückschau und bewusstes Loslassen, um die Würdigung dessen, was werden und gelingen durfte, und die Übergabe des Missglückten und Unvollendeten.

Bereits die Vorbereitung auf die Nachtruhe kann ritualisiert werden. Wie bei den bereits beschriebenen Ritualen des Arbeitsendes dienen solche vorbereitenden Rituale dem guten Abschluss einer Zeitspanne, die vorwiegend vom Tun bestimmt war. Ritualisierte Zeichenhandlungen tragen dazu bei, aktivierende und absorbierende Beschäftigungen loszulassen. Wir können es uns zur Gewohnheit machen, den Computer und das Mobiltelefon eine Stunde vor unserer Nachtruhe auszuschalten, eine Kerze zu entzünden und uns an einem gemütlichen Ort in unserer Wohnung einzurichten. Vielleicht tut es uns auch gut, einige Vorbereitungen für den nächsten Tag zu treffen.

Das kann bedeuten, den Tisch für das Frühstück zu decken oder sich die Kleider für den nächsten Morgen bereitzulegen. Oder wir suchen uns ein schönes Musikstück aus, das wir am kommenden Tag beim Frühstück hören möchten. Die Vorfreude wird die Nachtruhe vertiefen und das Aufstehen erleichtern.

Eine religiöse Variante dieses Rituals besteht darin, vor der Nachtruhe einen spirituellen Text, den wir am nächsten Morgen meditieren möchten, auszuwählen und auf den Tisch zu legen. Mit der freudigen Erwartung einzuschlafen, dass ein gutes Wort auf uns wartet, gibt dem Schlaf eine hellere Tönung. Es bereitet ein inspiratives Erwachen vor.

Gute-Nacht-Geschichten

Was ist das Geheimnis von Gute-Nacht-Geschichten? Weshalb ist es für Kinder so beruhigend, vor dem Schlaf einer Erzählung zu lauschen, die sie in eine andere Welt entführt? Die eindrückliche Wirkung dieses Einschlafrituals hat verschiedene Gründe. Sie liegen in der formenden Macht der Erzählstimme und der Verwandtschaft, die die fiktionale Welt der Literatur mit den Träumen verbindet. Die Welt des Textes bildet eine Brücke zwischen Alltagswirklichkeit und der bunten Welt der Träume.
Das Erlauschen einer Geschichte sammelt und ordnet unser Gemüt auf spielerische und lustvolle Weise. Wir können kaum genug davon bekommen.

Die geheimnisvolle Kraft des Erzählens spielt auf der Klaviatur unserer Gefühle und zieht die Register der Phantasie. Der Erzählstimme gelingt es, Lebenszeit zu verdichten und zu strukturieren.

Mit seinem geordneten Nacheinander bringt der Erzählfluss Licht in das unübersichtliche Wirrwarr von Ereignissen. Zugleich wird eine Spannung aufgebaut, die die Aufmerksamkeit fesselt. Was einen kurz vorher noch beschäftigte, tritt in den Hintergrund oder verschwindet ganz aus dem Bewusstseinsfeld. Durch das Vorlesen wird die sammelnde Wirkung einer Geschichte verstärkt. Eine vertraute Stimme ist ein Kontaktmedium, das einen sicheren Beziehungsraum stiftet. In ihr verkörpert sich die Person der Vorlesenden, ihre Geschichte, die mit der Geschichte der Lauschenden verwoben ist. Einer Stimme zu lauschen, schafft Intimität und wirkt beruhigend. Sie macht die erzählte Geschichte auf geheimnisvolle Weise zu unserer Geschichte.

Die kindliche Seite des Erwachsenen ist nie zu alt dafür, den Zauber der Gute-Nacht-Erzählung nachzuempfinden und ihn neu für sich zu entdecken. Die wachsende Auswahl an Audio-Büchern macht es möglich, Erzählungen und Erzählstimmen zu finden, die uns ansprechen und helfen, uns hörend selbst zu vergessen.

Für visuell veranlagte Menschen bietet die Gute-Nacht-Lektüre ähnlich sanfte Brücken vom Tag in die Nacht. Die Leichtigkeit, die eine geeignete Bettlektüre auszeichnet, muss nicht seicht sein. Gute Geschichten können leichtfüßig daherkommen und trotzdem tiefsinnig sein. Das gilt auch für spirituelle Literatur, die sich in bestimmten Formen ebenfalls als Abendlektüre eignet. Die anekdotischen Geschichten der Wüstenväter beispielsweise sind ebenso eingängig wie vielschichtig. Sie lesen sich leicht und sind nicht ohne Humor. Wer darüber hinaus die Geduld aufbringt, sie länger zu meditieren, dem erschließen sich die tieferen Sinnebenen, die dem raschen Blick verborgen sind.

Was das Hören oder Lesen von Gute-Nacht-Geschichten zum Ritual macht, ist ein bestimmter sich wiederholender Ablauf, die Rahmung also, die die Besonderheit dieses Vollzugs betont.

Bettlektüren müssen nicht unbedingt im Bett gelesen werden. Doch zeichnet sich eine solche Lektüre durch die zeitliche und örtliche Nähe zum Bett aus. Rituellen Charakter hat auch die Begrenzung auf wenige Seiten oder kurze Hörsequenzen. Kurzgeschichten eignen sich dafür besonders gut. Doch gibt es auch die Erfahrung, dass der weit ausholende Erzähler eines Romans uns über Monate begleiten kann wie eine vertraute Abendmelodie, die für eine verborgene Seite unseres Lebens steht.

- *Welche Geschichten möchte ich schon lange wieder einmal lesen oder mir erzählen lassen?*
  Welche Erzählstimmen sprechen mich besonders an?

Gute-Nacht-Musik

Zu den Einschlafritualen der Kindheit gehören neben Gute-Nacht-Geschichten meist auch sanfte Melodien. Auch dieses rituelle Element kann in spätere Lebensalter mitgenommen werden. Dafür finden sich prominente Beispiele: Davids Harfenspiel für König Saul, die gedämpften Melodien klösterlicher Nachtgebete oder die Goldberg-Variationen, die Johann Sebastian Bach für den unter Schlaflosigkeit leidenden Diplomaten Hermann Carl von Keyserlingk komponiert haben soll.

Die Nacht hat ihre eigenen Klänge. Sie klingen in den Melodien an, die uns in die Nachtruhe geleiten. Sie rufen uns aus dem Kosmos unserer Gedanken und Tätigkeiten in die stille Welt natürlicher Rhythmen.

Gute-Nacht-Musik muss nicht einlullend sein, um dies zu bewirken. Bachs Goldberg-Variationen belegen das eindrücklich. Welche Klangreisen uns am besten auf nächtliche Traumwanderungen vorbereiten, zeigt sich uns, wenn wir zu experimentieren wagen. Dazu gehört auch die Suche nach einem guten Maß zwischen Wiederholung und Variation.

Das rituelle Moment liegt in der festen Verortung in unserem Alltag und der bewussten Rahmung. Auch hier gilt, was für alle Alltagsrituale zutrifft: Je schlichter es gestaltet ist, desto einfacher kann es zum festen Bestandteil meines Lebens werden.

- *Wenn ich die Musikstücke durchgehe, die ich besonders liebe, welche eignen sich besonders als Gute-Nacht-Musik?*

Bildbetrachtung

In den Abendritualen, die Kinder lieben, findet sich neben Erzählung und Melodie noch etwas Drittes, was uns auch in späteren Lebensjahren auf die Nacht einzustimmen vermag: das Anschauen von Bildern. Wie das Lauschen auf Erzählstimmen entführt uns das Verweilen vor einem Bild in andere Welten. Bilder sprechen unsere Erinnerungs- und Vorstellungskraft an. Sie sind Tore zwischen dem Wach- und dem Traumbewusstsein, in das wir nachts versinken.

Was lässt sich von der kindlichen Kunst der Bilderschau lernen? Kinder nutzen ihre Bilderbücher als Imaginationsräume. Sie tauchen atmosphärisch in sie ein.

Mit fröhlichen Figuren lachen sie herzhaft, das Leid der Pechvögel geht ihnen unter die Haut. Im Schauen suchen sie nicht die Distanz, sondern die Nähe. Deshalb lieben sie Bilder mit vielen kleinen Details. Sie entsprechen der Kunst des ›Nahsehens‹ und spornen ihre Entdeckungslust an.

Eines der Bilderbücher, die ich als Kind besonders mochte, zeigte das Leben auf einem Bauernhof. Es lebte von großflächigen Bildern mit unzähligen Einzelszenen: Hier bellte ein Hund einen Briefträger an, dort jagte eine Katze eine Maus und ein Hahn stolzierte über die Straße. Es war, als durchstreifte ich beim Anschauen selbst die Winkel und Ecken des bäuerlichen Mikrokosmos.

Die Bilderwelten, die mich heute abends einkehren lassen, haben sich seit meiner Kindheit grundlegend gewandelt. Das Schauen selbst ist ähnlich geblieben. Vor Albrecht Dürers Kupferstich »Hieronymus im Gehäus« mache ich Erfahrungen, in denen meine kindliche Schaulust nachwirkt und zu neuem Leben erwacht. Wie Alice im Wunderland trete ich aus meiner begrenzten Alltagswelt heraus. Ich finde mich wieder an einer ebenso fremden wie vertrauten Stätte: im Vorhof zur geheimnisvollen Welt der Träume.

- *Was sind meine Lieblingsbilder? Welche eignen sich dafür, mich in die Welt der Träume zu begleiten?*

Tagesrückblick

Den vergangenen Tag in seinen unterschiedlichen Facetten erinnernd zu vergegenwärtigen und zu verkosten, gehört zu den ältesten und hilfreichsten Abendritualen. Im achtsamen Rückblick kann sich manches ordnen und zur Ruhe kommen, was uns tagsüber bewusst oder unbewusst umgetrieben hat. Zugleich vermögen wir gewöhnlich erst rückblickend zu realisieren, an welcher Fülle der vergangene Tag uns teilhaben ließ. Viele unscheinbare Ereignisse und Geschenke entdecken wir nur, wenn wir uns Zeit zur Rückschau und zum vergegenwärtigenden Verkosten nehmen. Es braucht zeitlichen Abstand, um die unscheinbaren Geschenke wahrnehmen und würdigen zu können, die sich in unserem Alltag wie kleine Goldpunkte verbergen.

Ein bewusst vollzogener und rituell gerahmter Tagesrückblick ist ein Weg zu größerer Dankbarkeit. Er verfeinert unser Gespür für das, was uns guttut und nährt. Und er fördert ein realistisches und nüchternes Selbstbild. Die achtsame Erinnerung lässt manches hervortreten, was wir während des Tages auf die Seite geschoben haben.

Ein rituell gestalteter Tagesrückblick umfasst drei Phasen: die Einstimmung, den Rückblick selbst und den Dank und die Hingabe am Schluss. Wir können den Tagesrückblick auch in der Tradition des Ignatius von Loyola als ›Gebet der liebenden Aufmerksamkeit‹ gestalten. Es verbindet die drei Phasen des Rituals mit einem Bewusstsein für Gottes Gegenwart.

Die folgende Beschreibung eines ritualisierten Tagesrückblicks möchte Sie dazu anregen, Ihre eigene Form zu finden:

1. Sich einstimmen und sammeln

Ich komme zur Ruhe, gebe mir Zeit bei mir anzukommen. Ich nehme wahr, wie mein Atem kommt und geht. Das hilft mir, wach und gelassen zu sein. Achtsam nehme ich meinen Leib, meine Gefühle und meine Gedanken wahr, ohne sie zu beurteilen. Was jetzt da ist, darf da sein. Wenn ich den Tagesrückblick als Gebet gestalte, öffne ich mich bewusst für Gottes Gegenwart und bitte um Einsicht und Klarheit.

2. Achtsam zurückblicken

Ich lasse den vergangenen Tag langsam vor meinem inneren Auge vorbeiziehen. Ich achte darauf, die Erinnerungen bei mir ankommen zu lassen, ohne sie aktiv zu suchen oder festzuhalten. Durch die wohlwollende Haltung kann sich mir die Vielfalt des vergangenen Tages offenbaren. Fokussierende Fragen öffnen mich für die Fülle des Erlebten: Wer und was ist mir begegnet? Wie habe ich mich gefühlt? Gab es Ereignisse und Momente, in denen sich das Leben verdichtete? Welche Gefühle klingen nach? Im ›Gebet der liebenden Aufmerksamkeit‹ frage ich auch nach Gottes Gegenwart: Wie offen war ich während des Tages dafür? Gab es Momente, in der ich sie rückblickend wahrnehmen kann?

3. Würdigen und loslassen

Das durch den Rückblick Vergegenwärtigte möchte gewürdigt sein, bevor wir es loslassen und uns der Nachtruhe überlassen können. Oft erscheint uns die Summe des Tages als ein Gemisch von Geglücktem und Belastendem. Wohl- und Missklänge mischen sich. Nicht nur die Perlen, sondern auch die Scherben wollen achtsam geborgen werden. Ich nehme mit wohlwollender Akzeptanz wahr, was nachklingt, ohne es zu beurteilen. Ich übergebe es, indem ich für das Geschenkhafte danke und darum bitte, dass Ungereimtes sich klären und Unheilvolles sich wenden möge.

Vollziehe ich den Tagesrückblick als Gebet, haben Dank und Bitte einen Adressaten, die Hingabe ein Wohin. Ich lege alles, mich selbst eingeschlossen, in Gottes Hand.

Nachtgebet

Unter den Gebetszeiten hat das Nachtgebet eine besondere und unverwechselbare Prägung. Die Dunkelheit der Nacht konfrontiert uns mit der Grenze unseres Tuns und Erkennens. Der kühle und herbe Hauch des Todes kann uns in ihr entgegenwehen. Doch wohnt in ihr auch ein Geheimnis. Die Nacht ist auch ein Anfang. Mitten in ihr beginnt der neue Tag.

In solchen Momenten sind geprägte Gebetstexte wohltuend. In ihnen verdichtet sich das Gebet vieler Generationen. Wir treten durch sie in einen Raum, den andere vor uns eröffnet und belebt haben. Meist handelt es sich um einfache, leicht zu verinnerlichende Worte. Sie können uns ins Herz sinken und von dort wie von selbst wieder aufsteigen.

Sie bewähren sich nicht nur, aber in besonderer Weise in Grenzsituationen unseres Lebens, in Krankheit und Tod. Auch an der Grenze zwischen Tag und Nacht haben sie eine wohltuende Wirkung. Deshalb haben sich im Laufe der Jahrhunderte viele Abendgebete herausgebildet. Meist sind es Gebete der vertrauensvollen Hingabe. Sie laden uns ein, uns auf eine umfassendere Wirklichkeit hin loszulassen.

Das älteste und bekannteste christliche Abendgebet ist das Vaterunser. Christinnen und Christen aller Generationen haben es nicht nur morgens und mittags, sondern auch abends gebetet, in Gemeinschaft oder alleine.

Nachtsegen

Jemanden segnen bedeutet, ihm oder ihr Gutes zu wünschen und zuzusprechen (lateinisch: benedicere). Wie in vielen Kulturen gehört auch in der unsrigen der Nachtsegen zu den fest verankerten gemeinschaftsbildenden Ritualen. Kein Abendritual fällt uns leichter. Es ist uns so in Fleisch und Blut eingegangen, dass wir es kaum bemerken. Verabschieden wir uns spätabends voneinander, wünschen wir uns, ohne zu überlegen, eine ›gute Nacht‹. In näheren Beziehungen werden auch die Wünsche intimer. Wir wünschen uns einen guten und erholsamen Schlaf und süße Träume.

Von Kindern verabschieden wir uns mit poetischen und melodiösen Wünschen: »Schlafe selig, schlafe süß, schau in Traumes Paradies.«
Diese selbstverständlichen Abendrituale lassen sich ausgestalten und achtsam vertiefen. Wir können zum Beispiel den Kreis der Adressaten ausdehnen. In unsere Segenswünsche lassen sich

auch nicht anwesende Menschen einbeziehen, mit denen wir uns verbunden fühlen oder mit denen wir besonders Mühe haben. Segnen schafft Beziehung und wirkt versöhnend.

Im Vollzug des Segnens stoßen wir auf eine tiefere Schicht unseres Seins. Es macht uns unser Verbundensein mit anderen bewusst.

Das Netz, das uns trägt, kommt ans Licht. Selbst vor der Grenze des Todes macht der Segen nicht Halt. Wir können uns innerlich mit Verstorbenen verbinden und ihren Segen erbitten. An der Schwelle des Schlafs betten wir uns so in eine umfassende Gemeinschaft ein, die auf uns schaut, wenn wir in das Traumbewusstsein versinken.

Mit welchen Menschen möchte ich mich im Übergang zwischen Wach- und Schlafbewusstsein verbinden?

Einschlafrituale

Weshalb hilft es Kindern beim Einschlafen, in ihrem Geiste Schäfchen zu zählen? Was ist das Geheimnis dieses Rituals? Weshalb sind es Schäfchen? Wir müssen diese Fragen nicht beantworten können, um die Kraft des Schäfchenzählens zu erfahren. Wie bei vielen Ritualen hängt seine Wirkung nicht davon ab, ob wir es verstehen. Sein Erfolgsrezept liegt in einer Kombination mehrerer Momente.

Das Ritual nutzt die Möglichkeiten der Aufmerksamkeitslenkung in geschickter Weise für den Einschlafprozess. Um einschlafen zu können, müssen wir unsere Aufmerksamkeit von aufregenden Inhalten lösen.
Wer bei den Sorgen, Freuden und Nöten des Tages hängenbleibt, wird Mühe haben, den Schlaf zu finden. Die Imagination von Schäfchen und die Aufgabe, sie zu zählen, bindet die Aufmerksamkeit und zieht sie von belastenden Inhalten ab.

Doch weshalb sollten ausgerechnet Schäfchen gezählt werden? Zum einen handelt es sich um etwas, was auch ein Hirte tut. Das lässt diese Aufgabe sinnvoll erscheinen. Zum anderen ist das Zählen von imaginierten Schäfchen eine monotone Angelegenheit. Das ist für das Einschlafen ideal. Und schließlich wirkt die Vorstellung von Schäfchen mit ihren weichen und warmen Pelzen beruhigend. Das Ritual würde kaum funktionieren, wenn die Anleitung darin bestünde, giftige gelbe Schlangen zu zählen.

Die Kombination von imaginativen und repetitiven Elementen eignet sich für Einschlafrituale aller Lebensalter. Imaginierte Bilder können innere Erholungsräume schaffen, in denen unser auf Problemlösung getrimmter Geist zur Ruhe kommen kann. Die Bilder, mit denen wir einschlafen, sinken in uns ein. Sie beeinflussen uns auf vorbewusster Ebene. Sie prägen unser Sein.

Ein berühmtes Beispiel dafür ist Teresa von Avila. Bereits in jungen Jahren machte sie es sich zur Gewohnheit, sich vor dem Einschlafen imaginativ in die Gegenwart Christi zu versetzen. Sie stellte sich vor, zusammen mit Jesus am Ölberg zu beten. Sie folgt damit seiner an die Jünger gerichteten Aufforderung, mit ihm zu wachen und zu beten (Mt 26,41).

Das Abendritual Teresas tat seine Wirkung. Über seine Auswirkung auf ihren Schlaf ist uns zwar nichts bekannt. Die langfristige Wirkung lässt sich hingegen nachlesen. Teresas meditatives Ritual lässt sie hineinwachsen in ein Gottvertrauen, das sich auch in großen Herausforderungen und massiven Krisen bewährt.

Atmosphärisch uns ansprechende Räume, in die wir uns imaginativ hineinversetzen können, sind die lichten Vorhallen eines guten Schlafes. Räume, in denen wir uns geborgen und glücklich gefühlt haben, sind besonders hilfreich.

Wir können jedoch ebenso gut heilige Räume imaginieren, die wir noch nie betreten haben. Da unsere Vorstellungskraft leicht eine aktivierende Dynamik entwickelt, die den Schlaf vertreibt, braucht es die rituelle Rahmung. Suchten wir uns jeden Abend ein neues Bild, könnte sich die beruhigende Kraft der Imagination nicht entfalten. Allein das achtsame und geduldige Vertrautwerden mit einem bestimmten Bildraum setzt die Mühelosigkeit frei, die uns auf sanften Flügeln in den Schlaf trägt.

- *Welche inneren Bilder helfen mir, um in die Ruhe des Schlafs zu finden?*

Simon Peng-Keller, Dr. theol., Privatdozent; seit 2004 Dozent für Theologie des geistlichen Lebens/Spiritualität an der Theologischen Hochschule Chur.